CHAD EHLERS

Stockholm

Text

Amy Brown

Översättningar

Margareta Eklöf

Helga och Hans Wachholz

ALBERT BONNIERS FÖRLAG

OMSLAGETS FRAMSIDA

Skärgårdsbåtar vid Blasieholmen, i bakgrunden Söders höjder

OMSLAGETS BAKSIDA

Skinnarviksberget, i bakgrunden Stadshuset

FÖRSÄTTSBILD

Nordiska Muséet i gryningsljus

EFTERSÄTTSBILD

Morgon vid Skeppsbron, detalj av vikingaskepp

FRONT COVER

Archipelago boats at Blasieholmen, in the background the heights of Södermalm

BACK COVER

Skinnarviksberget, in the background Stadshuset (The City Hall)

INSIDE FRONT COVER

Nordiska Muséet at dawn

INSIDE BACK COVER

Morning at Skeppsbron, detail of a Viking ship

SCHUTZUMSCHLAG/VORDERSEITE

Blasieholmen und die Schärengartenschiffe, im Hintergrund die Anhöhen des Südens von Stockholm

SCHUTZUMSCHLAG/RÜCKSEITE

Skinnarviksberget, im Hintergrund Stadshuset

VORSATZBILD (VORNE)

Nordisches Museum in der Morgendämmerung

VORSATZBILD (HINTEN)

Skeppsbron am Morgen, Detail eines Wikingerschiffs

Stockholm

Där Stockholm svävar på vattnet, insvept i ljus, är hon en drottning med glimten i ögat, åldrad i kroppen men med ungdomlig tjuskraft. Sommarkvällar då ljuset dröjer sig kvar timme efter timme tuffar turistbåtarna fram på vattenvägarna som håller ihop stadens fjorton öar. Människor flanerar på Skeppsbron förbi Kungliga slottet, på parkernas gräsmattor tömmer man matsäckskorgarna och den som har lust tar ett dopp i Mälaren.

Den gamla damen, som grundades av Birger Jarl 1252, är full av kontraster. Mysiga konditorier i Gamla Stan trängs med trendiga restauranger, här finns konstgallerier med ultramodern konst, fullsatta trottoarserveringar och raffinerade boutiquer där man kan köpa kläder, textilier och glas med formgivning i världsklass. Museer och historiska platser ligger tätt. När man har blivit mätt på sevärdheter kan man koppla av med en drink på Gondolen, med en härlig utsikt över Gamla Stan, eller sätta fart på livsandarna på de fullproppade dansgolven i nattklubbarna kring Stureplan.

Man kan också välja att betrakta Stockholm från ovan. En klar vår- eller sommarkväll dyker den ena färgglada ballongen efter den andra upp på himlen. Från dem får man ett fågelperspektiv över den stad som skalden Karl Herman Sätherberg kallade ”Nordens Venedig” i en dikt från 1896. Nu, mer än 100 år senare, känns namnet lika rätt som då.

Floating on water, bathed in light, Stockholm is a regal matron with a sly grin; ancient to her bones but youthful in her embrace. On an endless summer's eve, when the sun never seems to set, sightseeing boats chug through the waterways linking the city's 14 islands. Couples stroll across Skeppsbron, past the Royal Palace, picnickers lounge on the grassy expanses of the city's parks, while bathers gather around Lake Mälaren for a refreshing dip.

The lady is filled with contrasts. Founded in 1252 by Birger Jarl, she's ancient, but she's modern, too. Cozy tearooms in the Old Town (Gamla Stan) sit side by side with trendy restaurants, edgy art galleries, bustling sidewalk cafés, and sophisticated boutiques offering world-class design in garments, textiles, and glass. Bursting with museums and historical sights, she can keep you on your feet for hours. When you are ready to relax, the nightlife can be as sedate as a drink in the high-rise bar at Gondolen, overlooking Gamla Stan, or as invigorating as the crowded dance floors of the clubs around Stureplan. But Stockholm isn't just a place for floating on water; you can just as easily float on air. On a clear spring or summer's night, gaze skywards and you'll see a flotilla of colorful hot-air balloons, offering a bird's-eye view of the city that poet Karl Herman Sätherberg christened the "Venice of the North" in 1896. More than 100 years later, the phrase seems as apt as ever.

Über dem Wasser schwebend und im Licht badend, wirkt Stockholm wie eine Königin, die trotz hohen Alters jugendlichen Charme ausstrahlt. An den langen hellen Sommerabenden tuckern die Touristenboote auf den Wasserwegen, die 14 Inseln der Stadt zusammenhalten. Die Menschen schlendern Skeppsbron entlang, vorbei am königlichen Schloss. Auf dem Rasen der Parks werden Picknickkörbe ausgepackt und wer Lust hat, nimmt ein Bad im Mälaren.

Die alte Dame, von Birger Jarl 1252 gegründet, ist vielseitig. Gemütliche Konditoreien in der Altstadt liegen dicht bei dicht mit, Kunstgalerien, vollbesetzten Straßenrestaurants, raffinierten Boutiquen, in denen man Kleidung, Textilien und Glas von weltbekannten Designern kaufen kann, und einer Vielzahl von Museen und historischen Plätzen. Nachdem man so viel gesehen hat, ist ein Drink im Gondolen mit Aussicht über die Altstadt ein Genuss - oder man reaktiviert die Lebensgeister in den Nachtklubs am Stureplan.

Man kann Stockholm auch von oben betrachten. An klaren Frühlings- oder Sommerabenden taucht ein farbenfroher Heißluftballon nach dem anderen am Himmel auf. Von oben aus der Vogelperspektive sieht man eine Stadt, die der Dichter Karl Herman Sätherberg in einem Gedicht von 1896 „das Venedig des Nordens“ genannt hat. Mehr als 100 Jahre später klingt dieses Kompliment ebenso richtig wie damals.

Spiran på Riddarholmskyrkan, byggd på 1200-talet som ett franciskankloster, reser sig från Riddarholmen. De forna privatpalatsen på denna lilla ö inrymmer nu statliga ämbetsverk. Från Evert Taubes Terrass har man storartad utsikt över Riddarfjärden.

The spire of the 13th century Riddarholms-kyrkan, built as a monastery for Franciscan monks, rises from Riddarholmen. The former palaces on this tiny island now house government offices. From Evert Taubes Terrass the view across Riddarfjärden is splendid.

Die Spitze der Riddarholmskirche, die im 13. Jahrhundert als Franziskanerkloster gebaut wurde, erhebt sich über Riddarholmen. Die früheren Privatpaläste dieser kleinen Insel beherbergen jetzt staatliche Behörden. Von Evert Taubes Terrasse hat man einen zauberhaften Blick auf Riddarfjärden.

Det är populärt att bada vid Långholmen, en 1,4 km lång grön park utanför Södermalms norra udde.

Långholmen ("Long Island"), a 1.4 km-long splash of green off the tip of Södermalm, is a popular place in the city to swim.

Man badet gern auf Långholmen, einem 1,4 Kilometer langen grünen Park an der Nordspitze Södermalms.

Den tremastade skonaren Af Chapman är ett av världens vackraste och mest originella vandrarhem. Fartyget ligger på Skeppsholmen och är för det mesta fullbelagt.

Among the world's most beautiful and unusual youth hostels, the three-masted schooner Af Chapman on the island of Skeppsholmen is often fully occupied.

Der Dreimastschoner Af Chapman, der auf Skeppsholmen verankert liegt, ist eine der schönsten und originellsten Touristenherbergen der Welt, die doch meistens ausgebucht ist.

Att ligga och sola sig på en filt i gräset är många stockholmares dröm en vacker sommardag. Lyckligtvis finns det plats för alla i stadens många parker. Stadshuset reser sig majestätiskt på den motsatta stranden.

Soaking up the rays of the sun on a blanket stretched out across the grass is every Stockholmer's idea of a perfect day. Fortunately, the city's abundant parks allow room for everyone. Stadshuset, The City Hall, rises majestically across from this perch on Södermalm.

An einem schönen Sommertag im Grünen zu liegen und sich zu sonnen, das ist der Traum vieler Stockholmer. Die vielen Parks der Stadt bieten Platz für alle. Am Strand gegenüber zieht das Stockholmer Stadshuset die Blicke auf sich.

GALLERIAN
BURGER KING
Heineken
W.A.BOLIN
STURE

STUREH

När det är varmt väder är det populärt att äta utomhus och det finns många ställen att välja på, från improviserade uteserveringar på någon kaj till mer raffinerade kaféer kring Stureplan.

When it's warm, dining al fresco is a popular option, with choices ranging from casual dockside restaurants to more sophisticated cafés near Stureplan.

Bei schönem Wetter ziehen es viele vor, im Freien zu essen. Die Auswahl ist groß: von improvisierten Gartenrestaurants an den Kais bis zu raffinierten Restaurants am Stureplan.

SPENDRUP'S
BibLOS
BibLOS

TIOFOTO

HIGHLAND
TOFFEES

Kvalitet ska det vara, i såväl kläder och mat som den dubbla caffe latte som får runda av en lyckad shoppingdag.

From fashion to food, Swedes like quality, even when it comes to the double latté that concludes a satisfying day of shopping.

Qualität soll es sein, ob es Kleider sind, das Essen oder der doppelte caffe latte nach einer erfolgreichen Einkaufsrunde.

En smal bro förbinder Skeppsholmen och Blasieholmen och leder till kajen där båtarna lägger ut för turer i skärgården.

A tiny bridge connects the islands of Skeppsholmen and Blasieholmen, leading to the pier where the boats head out to the archipelago.

Eine schmale Brücke verbindet Skeppsholmen und Blasieholmen und führt direkt zu den Kais, wo die Schiffe für Rundfahrten durch den Schärengarten liegen.

Många friskusar tar sig till arbetet på inliner eller cykel. Att glida fram genom stadens grönområden kan vara ett behagligt sätt att inleda arbetsdagen.

Commuting to work by roller blade or bike is not unusual among the active Stockholmers, who find that gliding through the city's green spaces gently eases them into the day.

Immer mehr fahren mit Inlinern oder dem Fahrrad zur Arbeit. Der Weg durch die Parkanlagen der Stadt kann ein angenehmer Start in den Arbeitstag sein.

LÄNGST NER Små en- och tvåvåningshus från 1700-talet kantar många gator på Södermalm, och inte sällan ligger underbara trädgårdar gömda bakom fasaderna (NÄSTA UPPSLAG). I denna trädgård på Mäster Pers gränd odlas många gamla kulturväxter.

BOTTOM Eighteenth-century cottages and houses line many of the streets of Södermalm. NEXT PAGE In this beautiful garden on Mäster Pers gränd flourish many varieties of old Swedish cultivated plants.

UNTEN Kleine ein- und zweistöckige Häuser aus dem 18. Jahrhundert säumen viele Strassen auf Södermalm, und nicht selten verstecken sich hinter den Fassaden reizvolle Gärten. In diesem Garten in Mäster Pers gränd werden viele alte Kulturpflanzen gezüchtet.

Sverige är berömt för sitt vackra glas. Reijmyre i Östergötland är ett av landets äldsta glasbruk. Det har en butik på Strandvägen i Stockholm.

Sweden is renowned for its beautiful glass. Reijmyre, located in Östergötland, is one of the oldest glassworks in the country; on Strandvägen in Stockholm there's a Reijmyre shop.

Schwedisches Glas ist weltberühmt. Reijmyre in Östergötland ist eine der ältesten Glashütten des Landes, die am Strandvägen eine Verkaufsstelle hat.

I det vackra Tessinska palatset i Gamla Stan med sin eleganta barockträdgård residerar Stockholms landshövding. Palatset byggdes på 1600-talet av Nicodemus Tessin den yngre, en av Sveriges mest framstående arkitekter, som påverkades av fransk arkitektur under den tid han tillbringade i Paris och Versailles.

The beautiful Tessinska Palatset in Gamla Stan, with its elegant Baroque garden in the courtyard, is the private residence of the Governor of the County of Stockholm. It was built in the 17th century by Tessin the Younger, Sweden's most revered architect, who was influenced by the time he spent in Paris and Versailles.

Im reizvollen Tessinschen Palast mit seiner eleganten Barockgartenanlage in der Altstadt residiert der Stockholmer Regierungspräsident. Der Palast wurde im 17. Jahrhundert von Nicodemus Tessin d. J. gebaut, einem der berühmtesten Architekten Schwedens, der während seines Aufenthalts in Paris und Versailles von der französischen Architektur beeinflusst worden war.

Waldemarsudde var Prins Eugens, ”den målande prinsens”, hem. När han dog 1947 skänktes hans vackra hus och trädgård tillsammans med konstsamlingen, som innehåller flera av hans egna målningar, till nationen. Interiören är nästan oförändrad, man kan lätt föreställa sig ett lugnt liv genomsyrat av konst och natur.

Overlooking Saltsjön, Waldemarsudde was the home of Prince Eugen, the ”painter prince”, who died in 1947, bequeathing to the nation his lovely house, garden and art collection, which includes a number of his own impressive landscapes. The interior of the house is largely unchanged; one can easily imagine a leisured life steeped in art and nature.

Waldemarsudde war das Heim des „malenden Prinzen“, Prinz Eugen. Es wurde nach seinem Tode 1947 zusammen mit dem ans Wasser grenzenden Park und der Kunstsammlung, zu der auch viele seiner eigenen Gemälde gehören, dem Staat geschenkt. Das Interieur ist nahezu unverändert geblieben und vermittelt die Vorstellung von einem geruhsamen Leben, umgeben von Kunst und Natur.

Antikvitetsjägare har ett paradis i Stockholm, där Bukowskis är en av de auktionsfirmor som bjuder ut en mängd föremål från åtskilliga sekel. Det finns antikvitetsaffärer också i andra delar av staden, särskilt på Odengatan, Upplandsgatan och Roslagsgatan i Vasastan.

Antique hunters will find a paradise in Stockholm, with auction houses such as Bukowski's offering an array of goods spanning several centuries. Antique shops can be found elsewhere in town, particularly along Odengatan, Upplandsgatan and Roslagsgatan in Vasastan.

Für Antiquitätenjäger ist Stockholm ein Paradies. Bukowskis ist eines der Auktionshäuser, die eine Menge Objekte aus verschiedenen Jahrhunderten anbieten. Besonders zahlreiche Antiquitätsgeschäfte gibt es in der Oden-, Upplands- und Roslagsgatan im Stadtteil Vasastan.

Sverige är med rätta berömt för sin strama och funktionella inredningsstil och Stockholm har en mängd butiker som visar upp det bästa av svensk formgivning. Svenskt Tenn på Strandvägen är stadens äldsta heminredningsbutik med både ny och klassisk design.

Sweden is deservedly famous for its spare and functional interior design and visitors to Stockholm will find a wide variety of shops displaying the best in Swedish design. Svenskt Tenn on Strandvägen is the city's oldest shop for interior decoration, with both new and classic design.

Schweden ist für einen straffen und funktionelle Einrichtungsstil berühmt. In Stockholm gibt es eine Menge Boutiquen, in denen man das Beste, was die schwedische Formgebung zu bieten hat, finden kann. Svenskt Tenn am Strandvägen ist das älteste Einrichtungsgeschäft der Stadt mit sowohl neuem als auch klassischem Design.

Klottrare har inget utrymme i Stockholms tunnelbana. På många stationer är väggar och tak redan täckta av verk utförda av många konstnärer på uppdrag av Stockholms Lokaltrafik (SL). Skulpturer, vattenfall och valvmålningar på Kungsträdgårdens station är Ulrik Samuelsons verk.

Graffiti artists don't stand a chance in Stockholm's subway network. The walls and ceilings in many stations are already covered with the work of several commissioned by the city's transit authority. At Kungsträdgården station, the sculptures, waterfall, and arch paintings are the work of Ulrik Samuelson.

In der Stockholmer Metro finden Graffiti-Sprayer keinen Platz, denn die Wände und Gewölbe vieler Stationen sind bereits mit Werken von vielen Künstern geschmückt, die das kommunale Transportunternehmen in Auftrag gegeben hat. Die Skulpturen, der Wasserfall und die Gewölbemalereien der Station Kungsträdgården stammen von Ulrik Samuelson.

Den coolaste baren i Stockholm – minus 5 grader – är isbaren i Nordic Sea Hotel, världens första permanenta isbar (pälsmössorna följer med drinken som serveras i ett glas av is). Den som inte gillar kylan kan gå till stadens tatueringssalonger och få ett minne för livet.

Stockholm's coolest bar—at minus 5 degrees Celsius—is the ice bar at the Nordic Sea Hotel, the world's first permanent ice bar (the fur capes come with your drink in a glass made of ice). If the chill doesn't appeal, the city's tattoo parlors will be happy to leave their mark.

Stockholms coolste Bar – minus 5 Grad – ist die Eisbar im Nordic Sea Hotel, der ersten permanenten Eisbar der Welt (die Pelzmützen werden zusammen mit den in Eis-Gläsern servierten Drinks ausgehändigt). Jene, die keine Freude an der Kälte haben, können die Tatuierungssalons der Stadt besuchen und eine Erinnerung fürs Leben mit nach Hause nehmen.

KULTURHUSET

NEDAN Detta minnesmärke tillägnat Raoul Wallenberg, som räddade tusentals judar i Budapest undan nazisternas förföljelser, har låtit vänta på sig alltför länge men varit kontroversiellt ända sedan det sattes upp år 2001. Den danska konstnären Kristen Ortwed ville att betraktarna skulle läsa in sina egna tankar i skulpturerna, men många tycker att de är rent fula. TILL VÄNSTER Fontänen med sitt skimrande glastorn reser sig från Sergels torg mitt i Stockholm.

BELOW This long overdue memorial to the Swedish businessman Raoul Wallenberg who saved thousands of Jews from Hitler's persecution has been controversial since it was erected in 2001. Danish artist Kirsten Ortwed intended the public to read their own thoughts into the sculptures, but some have called them downright ugly. LEFT The shimmering glass water fountain at Sergel Torg rises up from the city center.

UNTEN Es dauerte lange, ehe diese Gedenkstätte für Raoul Wallenberg, der Tausende Juden in Budapest vor der Verfolgung der Nazis gerettet hat, im Jahre 2001 errichtet wurde – aber seit der Zeit kontroversiell ist. Der dänische Künstler Kristen Ortwed will, dass der Betrachter seine eigenen Gedanken in die Skulpturen hineinliest. Viele meinen jedoch, dass sie ganz einfach hässlich sind. LINKS Die Fontäne mit ihrem schimmernden Glasturm erhebt sich auf dem Sergelstorg, mitten in Stockholm.

Svensk design kan ta sig många former, från eleganta glas till handtryckta tyger och en raffinerad dammsugare från Electrolux. Man märker även ett sinne för organisk form i inredningen i många byggnader.

Swedish design can take many forms, from shapely glasses to hand-printed fabrics to a classy robot vacuum cleaner from the Swedish company Electrolux. A sense of organic form is also apparent in the interior design of many buildings.

Schwedisches Design kann sich in unterschiedlichen Formen äußern, von elegantem Glas bis zu handbedruckten Stoffen oder einem raffinierten Staubsauger von Electrolux. Sinn für organische Formgebung kommt auch in den Einrichtungen vieler Gebäude zum Ausdruck.

En ballongfärd är ett minnesvärt sätt att uppleva Stockholm. En klar sommarkväll är himlen fylld av färgglada ballonger och passagerarna skålar i champagne efter en lyckad landning. Men att bara få hålla en ballong i handen räcker för somliga.

A ride in a hot-air balloon is one of the most memorable ways to experience Stockholm. On a clear summer's evening the sky will be streaked with the colorful balloons, their passengers ready to toast a successful landing with champagne. Of course, an earth-bound balloon might be just as appealing.

Eine Ballonfahrt über Stockholm ist ein Erlebnis. An einem klaren Sommerabend ist der Himmel voller farbenprächtiger Heißluftballons, deren glückliche Landung die Passagiere schließlich mit einem Glas Champagner feiern. Andere begnügen sich mit einem eigenen kleinen Ballon.

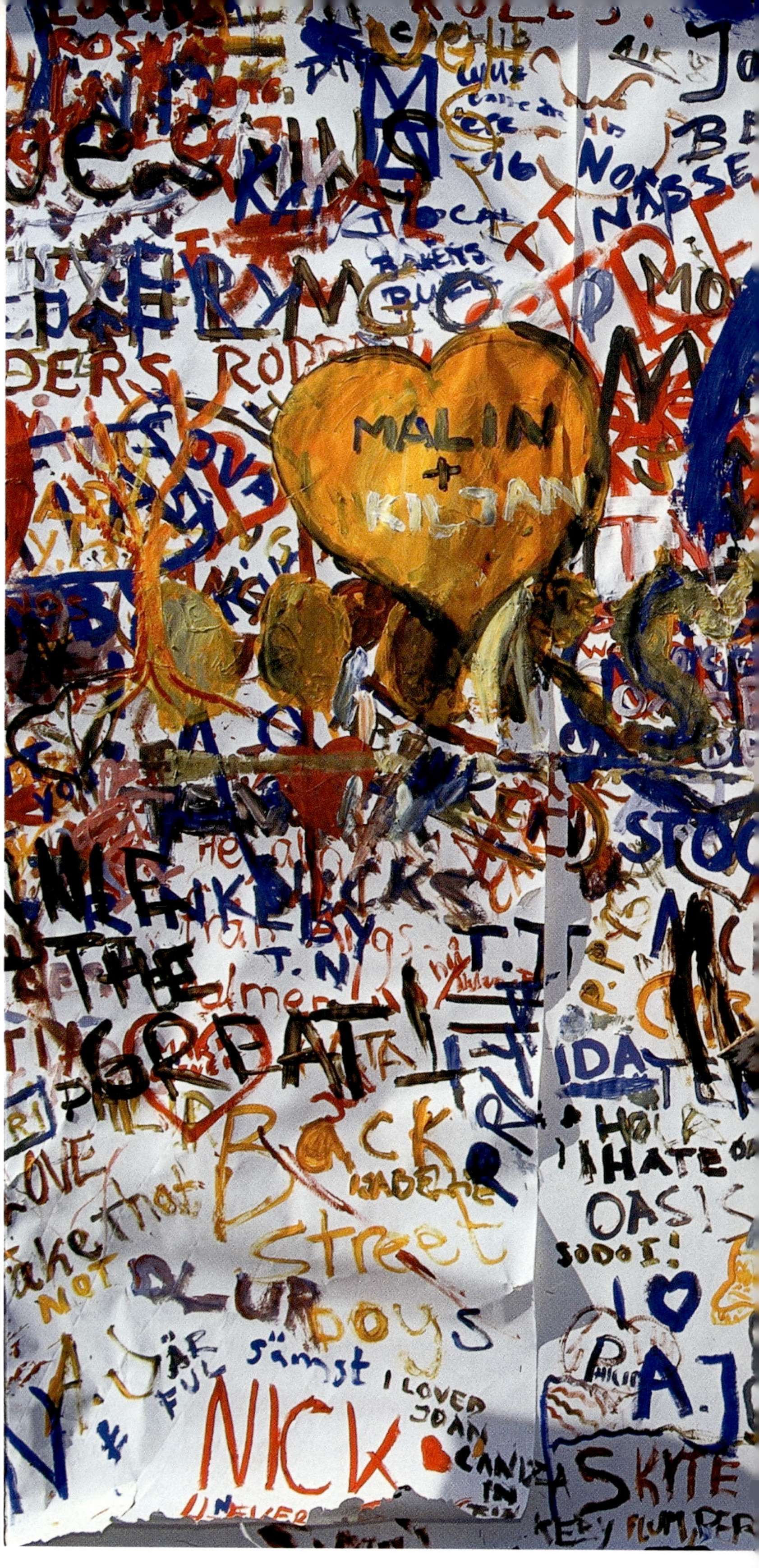

HEJ SÄGER
ANDERS FRÅN
TALLKROGEN
Ebba
here!
SÄTRA
MOLL

Modern konst blandas med landskapet på Skeppsholmen. Här ovan ses Paradiset, den lekfulla skulpturgruppen av konstnärerna Jean Tinguelys och Niki de Saint Phalles.

Modern art blends skillfully with the landscape on the island of Skeppsholmen. Above, the playful sculpture group of artists Jean Tinguelys and Niki de Saint Phalles.

Moderne Kunst steht im Wechselspiel mit der Landschaft der Insel Skeppsholmens. Hier steht das „Paradies", die verspielte Skulpturengruppe von Jean Tinguely und Niki de Saint-Phalle.

LEFT the soaring shapes of Alexander Calder which symbolize the four elements: water, air, earth and fire.
BELOW The Woman is part of a sculpture group called Breakfast Outdoors. by Picasso.

Die Schöpfungen des Künstlers Alexander Calder symbolisieren die vier Elemente: Wasser, Luft, Erde und Feuer.
UNTEN „Die Frau“ ist ein Teil von Picassos Skulpturengruppe „Frühstück im Grünen“.

Konstnären Alexander Calders skyhöga skapelser symboliserar de fyra elementen: vatten, luft, jord och eld. Kvinnan till höger är skapad av Picasso och är en del av skulpturgruppen Frukost i det gröna.

Sommarlovsutställning

Stockholm har många museer. Örlogsfartyget Wasa, som låg under vatten i 300 år, är nu konserverat i en egen byggnad på Djurgården. Gustav Vasa, som regerade från 1523 till 1560, anses ha enat Sverige. En ståtlig staty av honom finns i det närbelägna Nordiska Muséet, som innehåller svenska föremål från flera århundraden.

Stockholm is a city for museum lovers. The Wasa war ship, which spent 300 years underwater, is now beautifully preserved in its own museum on Djurgården. Gustav Vasa, who reigned from 1523 to 1560, is considered the man who united Sweden. An imposing staty of the former king greets visitors to the nearby Nordiska Muséet, which contains centuries worth of Swedish artifacts.

Stockholm hat viele Museen. Das Kriegsschiff Vasa, das 300 Jahre unter Wasser lag, ist inzwischen konserviert und hat ein eigenes Museum auf Djurgården. Gustav Vasa, der von 1523 bis 1560 regierte, wird zugeschrieben, Schweden geeint zu haben. Eine stattliche Figur von ihm und auch eine Menge schwedischer Gegenstände aus mehreren Jahrhunderten befinden sich im nahebelegenen Nordischen Museum.

Nationalmuseum på Blasieholmen inrymmer Sveriges största konstsamling. Den tyske arkitekten Friedrich August Stüler ritade byggnaden som ett norditalienskt renässanspalats. Väggarna kring stora trappan får liv av färggranna fresker målade av Carl Larsson.

The National Museum on Blasieholmen houses Sweden's largest art collection. German architect Friedrich August Stüler designed the building as a northern Italian Renässance palace. Vibrant frescoes by Swedish artist Carl Larsson are displayed near the central staircase.

Das Nationalmuseum befindet sich auf Blasieholmen und beherbergt Schwedens größte Kunstsammlung. Der deutsche Architekt Friedrich August Stüler entwarf das Gebäude als einen norditalienischen Renaissancepalast. Die Wände der grossen Treppe schmücken Carl Larssons farbenfrohe Fresken.

Carl Milles skulptur *Guds hand* har fått en placering där den verkligen gör sig, mitt i blickfånget. Andra verk av honom som är utställda på Millesgården på Lidingö ger intryck av att sträcka sig ända upp i himlen. Millesgården, som idag är museum, donerades till svenska folket 1936.

The Swedish sculptor Carl Milles' *Hand of God* is theatrically poised for best effect in midair while other examples of Milles' many works of sculptures seem to soar through the sky at his former home, now museum, Millesgården at Lidingö. It was donated to the Swedish people in 1936.

Carl Milles Skulptur *Gottes Hand* ist als ein richtiger Blickfang platziert. Andere Werke von ihm, im Millesgården auf Lidingö zu betrachten, scheinen sich bis in den Himmel zu strecken. 1936 wurde Millesgården dem schwedischen Volk geschenkt und ist heute ein Museum.

Stockholmarna älskar att ordna fester, och Bellmansfesten i juli firas av många.

Stockholmers enjoy a festival, and the celebration of much-loved 18th century troubadour Carl Michael Bellman is no exception.

Die Stockholmer feiern gerne Feste, eines der beliebtesten ist das Bellmanfest im Juli.

I Hagaparken drömmer sig unga damer i 1700-talsdräkt tillbaka till den tid då Gustav III anlade en kunglig park i det redan populära området. Kungen hade smak för det exotiska och lät bygga en kinesisk pagod och romerska krigstält i parken.

At Haga Park, festival-clad young women recall an earlier age when King Gustav III decided in the mid-18th century to create a royal park in the popular Haga area. The king had exotic taste: the park includes a Chinese pagoda and Roman battle tent.

Im Hagapark träumen sich junge Damen in Kleidern des 18. Jahrhunderts zurück in die Zeit, da Gustav III einen königlichen Park in diesem bereits damals populären Gebiet anlegte. Der König liebte das Exotische und ließ im Park eine chinesische Pagode und ein römisches Kriegszelt errichten.

Grand Hôtel
KAK

NATIONALMUSEUM
WAXHOLM I

STOCKHOLM SIGHTSEEING

Skärgården

Stockholm är som en rubin, infattad i den vackra skärgården som är något alldeles unikt för Sverige. På somrarna beger sig tusentals människor ut med egen båt eller ångare och sprider sig bland de mer än 24 000 öarna. Skärgården börjar mitt i Stockholm, den sträcker sig åtta mil ut i Östersjön och är ett paradis för dem som söker en fridfull sommaridyll och spännande flora och fauna.

Men skärgården är också ett sätt att leva. Under sommarmånaderna fylls vikar och kobbar av många turister, båtarna ligger förtöjda sida vid sida och ibland kan det vara svårt att finna den enskilda lilla strand man drömt om. Sommarstugorna på öarna är eftertraktade tillhörigheter som ofta går i arv, och ju mer isolerade och rustika de är, desto bättre. Drömmen om ett enklare liv nära naturen symboliseras av den röda stugan med uthus och trädgårdstäppa och vinbärsbuskar. Elektricitet och rinnande vatten känns ofta inte nödvändigt. De flesta frågar inte efter moderna bekvämligheter när havet lockar, skogarna är fyllda av bär och svamp och de frodiga, blomsterprydda ängarna inbjuder till en improviserad picknick.

Utöver sommargästerna lever mer än 10 000 personer permanent i skärgården där de livnär sig på jordbruk, fiske, båttransport och detaljhandel. För dessa är det inte fråga om en sommarflirt – det som de kanske uppskattar mest är årstidernas växlingar.

Stockholm is the ruby set amid the sparkling diamonds of its beautiful archipelago. Every summer, thousands of Swedes flock to more than 24,000 islands, by sailboat or by steamer. Starting from the center of Stockholm and extending 80 kilometers out into the Baltic Sea, the islands provide a haven for humans desiring a peaceful summer idyll, as well as various flora and fauna.

The archipelago is also a way of life. The summer cottage is a coveted asset for most Swedes, and the more isolated and rustic the accommodation, the better. A yearning for a return to a simpler life is symbolized by the plain, red wooden cottage, with its outhouse, small kitchen garden, currant bushes and—only for the most modern—indoor plumbing and electricity. For most island dwellers, creature comforts matter little when the sea beckons, the woods are filled with berries and mushrooms, and the lush, green flowering meadows seem perfect for an impromptu picnic.

While most Swedes escape to the archipelago only for summer holidays, there are more than 10,000 year-round residents who make a living from farming, fishing, boat transport and retailing. For them, the magic of the archipelago is best experienced through the shifting of the seasons, not a mere summer flirtation. Once the freedom of those summer days on the islands has been tasted, it can be hard to let go.

Stockholm ist wie ein Rubin, eingefasst mit glitzernden Diamanten, dem phantastischen Schärengarten. Im Sommer begeben sich Tausende Menschen mit Segelbooten oder Dampfschiffen hinaus auf die mehr als 24 000 Inseln. Der Schärengarten, der mitten in Stockholm beginnt und sich 80 Kilometer in die Ostsee erstreckt, ist ein Paradies für alle jene, die ein friedvolles Sommeridyll sowie eine spannende Flora und Fauna suchen.

Der Schärengarten bringt auch einen bestimmten Lebensstil mit sich. Die Sommerhäuschen auf den Inseln sind äußerst attraktiv und verbleiben meistens durch Erbschaft in der Familie. Je isolierter oder rustikaler sie sind, desto besser. Die roten Sommerhäuschen mit kleinen Gärten und Johannisbeersträuchern symbolisieren den Traum vom einfachen Leben. Elektrizität und fliessendes Wasser sind nicht unbedingt notwendig. Die meisten fragen nicht nach modernen Bequemlichkeiten, wenn das Meer lockt, die Wälder voller Beeren und Pilze sind und die bunten Blumenwiesen zum improvisierten Picknick einladen.

Außer den Sommergästen hat der Schärengarten mehr als 10 000 ständige Bewohner. Sie leben von der Landwirtschaft, Fischerei, Transporten und dem Einzelhandel. Für sie ist der Schärengarten kein Sommerflirt. Was sie schätzen ist vor allem der Wechsel der Jahreszeiten.

Från kajen framför Grand Hotel och från Strömkajen går båtar ut i skärgården. På Skärgårdsbåtarnas dag samlas de gamla ångfartygen vid Strömkajen och går i en lång rad genom skärgården till Vaxholm där festligheterna fortsätter.

From the pier in front of the Grand Hotel or Strömkajen, boats run to the archipelago. On Archipelago Boat Day, the old steamships gather at Strömkajen and then parade through the archipelago to Vaxholm for further festivities.

Vom Kai vor dem Grand Hotel und vom Strömkai legen Schiffe in den Schärengarten. Am Tag der Schärengartenboote versammeln sich die alten Dampfschiffe am Strömkai und begeben sich in einer langen Reihe durch den Schärengarten nach Vaxholm, wo die Festlichkeiten fortgesetzt werden.

SALTSJÖN
VÄSTAN

Det idylliska Vaxholm är den skärgårdsö som är lättast att nå, bara en timmes resa från Stockholm. Husen från 1800-talet och det eleganta Vaxholms Hotell härrör från en epok då "hela Stockholm" helst ville hålla till i Vaxholm på sommaren.

Charming Vaxholm is the most accessible archipelago island, just an hour's journey from Stockholm. The 19th-century homes and elegant Vaxholms Hotel hark back to an era when it was *the* summer resort.

Das idyllische Vaxholm ist die am leichtesten zu erreichende Insel des Schärengartens, nur eine Fahrtstunde von Stockholm entfernt. Die Häuser aus dem 19. Jahrhundert und das elegante Vaxholm Hotel stammen aus einer Epoche, in der ganz Stockholm den Sommer am liebsten in Vaxholm verbringen wollte.

Seglarna får sitt lystmäte i Stockholms skärgård, som är en spännande utmaning. En klar dag, då färggranna segel sväller i den friska brisen och solen glittrar på vattnet, känner de sig rikligt gynnade. Tävlingsandan kommer också fram. Det är förklaringen till de många regattorna där entusiasterna får tillfälle att visa upp sina båtar.

De verkligt inbitna lägger inte av bara för att sommaren är slut. Redan vikingarna höll på med skridskosegling. Med tiden blev det en tävlingssport, och Stockholms Skridskoseglarklubb är en av världens äldsta.

The Swedes are passionate about sailing, and the Stockholm archipelago is one of the most challenging and rewarding places in which to do it. On a clear day, with colorful sails billowing in the crisp air, and the sun sparkling on the water, most Stockholmers feel supremely blessed. Their competitive spirit comes out, too; hence the popularity of sailing regattas in which they can strut their stuff. True sailing enthusiasts don't stop when the summer ends. Ice sailing began with the Vikings. Over the centuries, ice yacht racing become a sport, and Stockholm's Ice Yacht Club is one of the world's oldest.

Für Segler ist der Stockholmer Schärengarten ein Paradies und zugleich eine spannende Herausforderung. An einem klaren Tag, wenn die farbenfrohen Segel von einer frischen Brise aufgebläht sind fühlen sich die Stockholmer privilegiert und der Wettkampfinstinkt erwacht. Das erklärt die vielen Regatten, bei denen die Enthusiasten Gelegenheit haben, ihre Boote zu zeigen. Für die echten Segler endet die Saison indessen nicht mit dem Sommer. Beits die Wikinger widmeten sich dem Schlittschuhsegeln. Allmählich wurden sogar Wettbewerbe ausgetragen. Der Stockholmer Schlittschuhsegelklub ist einer der ältesten in der Welt.

Somliga öar är speciella favoritplatser för den vackra naturens skull, till exempel ögruppen Stora Nassa med sina många öar. Den är ett obebott naturreservat som är perfekt för fågelskådning, simturer och picknick.

Some islands are particular favorites among sailors for the great beauty of the nature, like the large group of islands known as Stora Nassa. Uninhabited by humans, it is perfect for bird-watching, a swim, and a picnic.

Einige Inseln sind wegen der einzigartigen Natur ganz besondere Favoriten, zum Beispiel die Inselgruppe Stora Nassa. Sie ist ein unbewohntes Naturreservat, bestens geeignet für Vogelschau, Schwimmtouren und Picknick.

Längre ut i skärgården blir det kargare och vinden viner över små ofruktsamma holmar, där vilda blommor ändå lyckats tränga sig upp genom skrevorna. Man kan faktiskt också hitta en egen liten kobbe mitt i havet. Men här är det nödvändigt med karta och kompass!

Further out in the archipelago, the scenery becomes more rugged, the wind whistling across barren islets where wildflowers still manage to poke through the crevices. It's possible to find your own tiny perch in the middle of the sea. Out here man's best friends are the charts and compass, not just the dog.

Weiter draußen im Schärengarten ist es karger und der Wind pfeift über die kleinen unfruchtbaren Inseln, auf denen es wilden Blumen trotz allem gelingt, sich durch Risse und Spalten zu drängen. Mitten im Meer kann man eine Schäre ganz für sich finden. Karte und kompass sind unbedingt notwendig.

Det finns ingen bättre symbol för den fulländade svenska sommardagen än en kopp kaffe med färska bullar som inmundigas vid en blomsterprydd äng med båten nere vid stranden.

Nothing symbolizes the perfect Swedish summer day more than a view of sea across a meadow of wildflowers, the boat docked nearby, while sipping coffee and eating a fresh-baked cinnamon bun.

Es gibt kein besseres Symbol für einen vollendeten schwedischen Sommertag als ein Kaffeetrinken mit frischgebackenem Zimtkuchen auf einer blühenden Wiese und ein Boot am nahegelegenen Strand.

De flesta öar i skärgården saknar sandstrand. Många gör som sälarna och slår sig ner på klipporna, där de äter en bit mat eller lapar sol. Man ser nästan lika många röda stugor som segelbåtar.
TILL VÄNSTER: Huvudskär i Stockholms södra skärgård.

Few islands in the archipelago have large sandy beaches. Most people perch themselves on the rocks like seals to eat their lunch or sunbathe. Red wooden houses are as common to the archipelago as the sailboats.
LEFT: Huvudskär in Stockholm south archipelago.

Die meisten Inseln im Schärengarten haben keinen Sandstrand, darum machen es die Menschen den Robben nach und legen sich auf die Felsen, um zu picknicken oder sich zu sonnen. Dort gibt es fast ebenso viele rote kleine Häuser wie Segelboote.
LINKS: Huvudskär im südlichen Stockholmer schärengarten.

De gigantiska färjorna från Finland glider in i Stockholm från sina täta resor över Östersjön. Här passeras Carl Milles imponerande skulptur *Gud Fader på Himmelsbågen* vid Nacka strand.

The huge ferries from Finland head back to Stockholm from one of their frequent journeys across the Baltic Sea beneath Carl Milles' imposing sculpture, *God the Father in the heavenly spheres* at Nacka Strand.

Die gigantischen Finnlandfähren laufen von ihren Fahrten über die Ostsee in Stockholm ein. Hier wird Carl Milles imponierende Skulptur *Gottvater im Himmel* am Nacka Strand passiert.

Solnedgången avnjuts från fören på en båt som just har lagt till för kvällen, eller från korgen på en luftballong som stiger över stadens höjder.

Sunsets can be enjoyed from the prow of a boat just docked for the evening in the Stockholm archipelago or from the basket of a hot-air balloon rising over the heights of the city.

Den Sonnenuntergang kann man auf dem Bug eines eben eingelaufenen Schiffes oder im Ballonkorb am Himmel Stockholms genießen.

TILL VÄNSTER På de gammalmodiga ångbåtarna kan man lyssna till jazzband eller smörja kråset med färska räkor.
LÄNGST NER Stockholm är en väl sammanhållen stad, särskilt ur detta perspektiv.

LEFT On the old-fashioned steamboats you can hear live jazz or feast on fresh shrimps.
BOTTOM Stockholm is a compact city, particularly seen from this perspective.

LINKS Auf den altertümlichen Dampfschiffen kann man einer Jazzband zuhören oder frische Garnelen verzehren.
UNTEN Stockholm ist eine leicht überschaubare Stadt, speziell aus dieser Perspektive gesehen.

Utflykter

Stockholm har starka traditioner av kunglig pompa och ståt, men är också en högst modern och levande stad. En del spelar basketboll på trottoarerna eller roar sig på Gröna Lund, den populära nöjesparken på Djurgården. För den som söker historia och kunglig glans finns det mycket spännande att välja på.

Djurgården bjuder på många sevärdheter. Museerna, till exempel publikmagneter som Wasaskeppet och Skansen, smälter in i det naturliga landskapet och utgör ett komplement till ängsbackarna, de öppna parkerna och Östersjöns mångarmade inlopp. Den som söker sig längre ut från centrum blir rikligt belönad. Det kan vara något så enkelt som en rofylld promenad på den berömda Skogskyrkogården, där landskapet och arkitekturen i förening har inspirerat till liknande begravningsplatser över hela världen. Eller en båttur ut till Björkö i Mälaren, där vikingastaden Birka låg. Både Skogskyrkogården och Birka samt Drottningsholms slott finns på UNESCO:s världsarvslista.

Men det är nog i Kungsträdgården som stadens puls känns starkast. Där strövar stockholmare och turister kring fontänerna, tar igen sig på en bänk under träden eller lyssnar till musik från paviljongen under någon av sommarens många festivaler. Från lugna, undanskymda vrår till ett livligt centrum har Stockholm mycket att locka de många besökarna med.

A visitor to Stockholm is often struck by the juxtaposition of its royal heritage, and the completely modern sense of a living, breathing city. Stockholm is not a stuffy city: in fact, it's as friendly as they come. It's a place where basketballs get pounded on city pavement and ordinary Swedes converge on Gröna Lund, the small, but beloved amusement park on the island of Djurgården. But for visitors hungry for history and royal pomp, there's no shortage of diversions. Djurgården is a magnet for sightseeing in Stockholm. Its many museums, including such treasures as the Vasa Ship and the sprawling open-air museum Skansen, gently inhabit the natural landscape, a complement rather than an intrusion to the grassy meadows and inlets of the Baltic Sea. The visitor who ventures even further afield to discover Stockholm's treasures will be rewarded. It might be as simple as a peaceful walk in Skogskyrkogården where the blend of landscape and architecture has inspired woodland cemeteries all over the world.

The pulse of the city, however, can arguably be found in Kungsträdgården, where citydwellers and tourists alike mill around the fountains, quietly sit in the beautifully landscaped green spaces, or listen to music from the open-air stage. Stockholm has enough attractions to satisfy the most fickle of visitors.

Stockholm wird von königlicher Pracht geprägt, ist aber auch eine zutiefst moderne und lebendige Stadt. Man spielt Basketball auf den Bürgersteigen und hat Spaß auf Gröna Lund, dem beliebten Vergnügungspark auf Djurgården.Will jemand Geschichte und königlichen Glanz erleben, ist auch da die Auswahl groß.

Djurgården hat viele Sehenswürdigkeiten. Museen, wie die Publikumsmagneten Skansen und das Vasaschiff, schmelzen in die natürliche Umgebung ein und bilden ein Komplement zu den offenen Parkanlagen und dem vielarmigen Hafeneinlauf der Ostsee. Wer sich etwas weiter vom Zentrum entfernt, wird reichlich belohnt. Das kann zum Beispiel ein besinnlicher Spaziergang durch den berühmten Skogskyrkogården (Waldfriedhof) sein, dessen Einheit von Landschaft und Architektur zu ähnlichen Friedhöfen überall in der Welt inspiriert hat.

Doch am stärksten empfindet man den Puls der Stadt im Kungsträdgården. Hier schlendern Stockholmer und Touristen an den Fontänen entlang, ruhen sich auf den Bänken aus oder lauschen während der vielen Sommerfestivals der Musik aus dem Pavillon. Von der stillen, verträumten Ecke bis zur lauten City hat Stockholm seinen Besuchern eine Menge zu bieten.

Drottningholms slott, som finns på UNESCO:s världsarvslista, har varit den kungliga familjens permanenta residens sedan 1981. Den storslagna barockträdgården bakom slottet är anlagd efter alla konstens regler bland statyer, fontäner och 300-åriga träd.

Drottninghom Palace, a World Heritage site, has been the royal family's permanent residence since 1981. The gorgeous French formal garden behind the palace is artfully laid out among statues, fountains, and 300-year-old trees.

Das Schloss Drottningholm, das auf der Welterbeliste der UNESCO steht, ist seit 1981 die ständige Residenz der königlichen Familie. Der großartige Barockpark hinter dem Schloss ist nach allen Regeln der Kunst angelegt, mit Statuen, Fontänen und 300 Jahre alten Bäumen.

Magnifika salonger, en imponerande trappa och rokokoinredning gjorde slottet till en passande bostad för änkedrottning Hedvig Eleonora, som gav hovarkitekten Nicodemus Tessin den äldre i uppdrag att bygga Drottningholm. Han tog Versailles till förebild för sitt mästerverk.

Grand drawing rooms, an imposing staircase, and rococo furnishings made this a fit residence for the wealthy dowager Queen Hedvig Eleonora, who had Drottningholm built for her in the 1600s by the royal architect Nicodemus Tessin the Elder. He modeled his masterpiece on the Palace of Versailles.

Prachtvolle Salons, eine imponierende Treppe und Rokoko-Interieur machten das Schloss zu einem passenden Wohnsitz für die Königinwitwe Hedvig Eleonora, die den Hofarchitekten Nicodemus Tessin d. Ä. beauftragte, Drottningholm zu bauen. Er nahm Versailles zum Vorbild für sein Meisterwerk.

Vilken födelsedagspresent! År 1753 fick drottning Lovisa Ulrika Kina slott av sin gemål kung Adolf Fredrik. Han hade låtit bygga det i hemlighet, och delarna hade kommit till Drottningholm på natten före hennes födelsedag och monterats ihop så att det stod färdigt den stora dagen.

What a birthday present! In 1753 Queen Lovisa Ulrika was given the Chinese Pavilion at Drottningholm from King Adolf Frederik, which he had secretly built and shipped to the palace the night before her birthday and assembled the following day.

Welch ein Geburtstagsgeschenk! 1753 erhielt Drottning Lovisa Ulrika das China-Schloss von ihrem Gemahl König Adolf Fredik. Er hatte es heimlich bauen lassen. Die einzelnen Teile wurden erst in der Nacht vor ihrem Geburtstag nach Drottningholm transportiert und dort montiert, so dass es an ihrem Ehrentag fertig war.

Drottningholms slottsteater, världens äldsta fungerande teater, har kvar kulisser och handdrivet scenmaskineri från 1700-talet.

Drottningholm Court Theatre, the world's oldest working theatre, still has its original 18th century stage sets and hand-driven machinery.

Die Kulissen und die Bühnenmaschine des Schlosstheaters von Drottningsholm, dem ältesten funktionierenden Theater der Welt, stammen aus dem 18. Jahrhundert.

En vikingastad från 700 e. Kr. har grävts ut i Birka, som ligger på Björkö i Mälaren. Arkeologerna fortsätter utgrävningarna och guidar också turister. Ett välordnat museum som innehåller många föremål påträffade i Birka finns också på ön. Birka tillhör UNESCO:s världsarv.

A Viking city, Birka, from AD 700 has been excavated at Björkö, an island west of Stockholm. Archaeologists who continue to scour the site also show tourists around, and an excellent museum displays many of the artifacts that have been found at this World Heritage site.

In Birka, das auf Björkö im Mälaren liegt, ist eine Wikingerstadt von 700 n.Chr. ausgegraben worden. Die Archäologen sind immer noch bei der Arbeit und machen auch Führungen für Touristen. Das Museum auf der Insel hat viele in Birka gefundene Gegenstände in seiner großen Sammlung. Birka gehört zu UNESCOs Kulturerbe.

Landskapet smälter samman med de lugna linjerna i Gunnar Asplunds arkitektur på Skogskyrkogården. Asplund var en av 1900-talets mest inflytelserika arkitekter och ville skapa harmoni genom att förena byggnaderna med landskapet. Skogskyrkogården är ett av få arkitektoniska verk från 1900-talet som har placerats på UNESCO:s världsarvslista.

The landscape melds with the gentle lines of the architecture of Erik Gunnar Asplund at Skogskyrkogården (Woodland Cemetery). Asplund, one of the most influential architects of the 20th century, set out to achieve harmony in unifying the landscape with the buildings. It is one of the few works of 20th-century architecture selected for UNESCO's World Heritage list

Die Umgebung des Waldfriedhofs schmilzt mit den ruhigen Linien in der Architektur Gunnar Asplunds zusammen. Asplund war einer der einflussreichsten Architekten des 20. Jahrhunderts und strebte danach, durch die Einheit von Bauten, Umgebung und Landschaft Harmonie zu schaffen. Skogskyrkogården (Waldfriedhof) ist eine der wenigen architektonischen Schöpfungen des 20. Jahrhunderts, die zum Kulturerbe der UNESCO zählen.

Det finns många sätt att ta sig fram i Stockholm, båtar, spårvagnar, bussar och tunnelbana. Dubbeldäckade turistbussar har också blivit vanliga på senare år.

There are many ways to move around Stockholm, from boats, trams and buses to the underground, the Tunnelbana. Double-decker sightseeing buses have also recently entered the scene.

Es gibt in Stockholm viele Transportmöglichkeiten, Schiffe, Straßenbahn, Busse und die U-bahn. In den letzten Jahren sind auch doppelstöckige Touristenbusse hinzugekommen.

MANNHEIMER SWARTLING
ABN·AMRO
7

På Djurgården, en väldig park med mängder av promenadvägar, ligger också Gröna Lund, där berg- och dalbanans tjusning och de vackra planteringarna lockar till sig hela familjen på en trevlig utflykt.

On Djurgården, with its many parks and walking paths, is also the home of the Gröna Lund amusement park, where the thrill of the rollercoaster combine with beautiful gardens to make for a charming day out for the whole family.

Auf Djurgården, einem riesigen Park mit zahlreichen Gehwegen, liegt auch Gröna Lund, das mit seiner Berg- und Talbahn sowie den schönen Anpflanzungen Familien zu Ausflügen anlockt.

Skansen är frukten av Arthur Hazelius ivriga bemödanden i slutet av 1800-talet att rädda arvet från Sveriges landsbygd. Stugor och andra byggnader flyttades hela eller nedmonterade till Skansen från alla landsändar och Hazelius dröm förverkligades.

Skansen, an open-air museum for cultural history, is the result of the dedication of Arthur Hazelius, who in the late 1800s wanted to preserve the country's quickly disappearing agrarian heritage. Cottages were moved whole or piece by piece from all over Sweden to fulfill Hazelius' vision.

Arthur Hazelius Bestreben am Ende des 19. Jahrhunderts, das Erbe des schwedischen Landlebens zu retten, das durch die immer schnellere Hütten und Bauten aus allen Teilen des Landes wurden ganz oder zerlegt nach Skansen transportiert und so wurde schließlich Hazelius Traum Wirklichkeit. .

Kungsträdgården har varit en nöjespark öppen för allmänheten sedan 1700-talet. Fontänerna ger unga och gamla välkommen svalka under varma sommardagar.

Kungsträdgården (The King's Garden) has been a pleasure garden for the public since the 18th century. The fountains provide a welcome resting place for old and young alike.

Kungsträdgården ist seit dem 18. Jahrhundert ein für alle zugänglicher Erholungspark. An warmen Sommertagen bieten die Fontänen für Jung und Alt Abkühlung.

Astrid Lindgrens sagofigurer får liv på Junibacken, museet på Djurgården som är tillägnat hennes livsverk. Barnen älskar att leka i kopian av Pippi Långstrumps Villa Villekulla och klänga på Lilla Gubben.

The stories of Astrid Lindgren come alive at Junibacken, the museum dedicated to her life's work on Djurgården. Children love to play in the replica of Pippi Longstocking's house and climb on her horse.

Astrid Lindgrens Märchenfiguren werden auf dem Junibacken lebendig, einem Museum auf Djurgården, das ihrem Lebenswerk gewidmet ist. Die Kinder lieben es, in der Kopie von Pippi Langstrumpfs Villa Villekulla zu spielen oder auf dem Pferd Lilla Gubben herum zu rutschen.

Basketboll på gatan, boule i parkerna, fotboll, friluftsgymnastik – stockholmarna håller i gång och motionerar muskler och leder som har stelnat till under den långa vintern.

From street basketball to boule, soccer or outdoor gymnastics, Stockholmers are often on the move, eager to exercise the limbs that may have frozen just a bit during the long winter.

Basketball auf der Straße, Boule in den Parks, Fußball, Gymnastik im Freien – die Stockholmer sind sportlich und lockern ihre Muskeln und Gelenke, die während des langen Winters steif geworden sind.

NEDAN På våren är det populärt med drakflygning på det vidsträckta Gärdet.
TILL HÖGER Renlighet är en dygd och man ska ha det snyggt omkring sig. Bajamajor är bättre än ingenting alls vid folkfester.

BELOW Kite flying on the wide open fields of Gärdet is a popular spring pastime.
To RIGHT Swedes are a naturally neat people, and they like decorum, even at festivals where a portable set of toilets is better than none at all.

UNTEN Auf dem weitgestreckten Gärdet lässt man im Frühjahr gerne Drachen steigen.
RECHTS Reinlichkeit ist eine Tugend, bei Volksfesten sind Retter in der Not vorhanden.

HOLKEN
HOLKEN

Midsommarfirandet går tillbaka till de förkrist-na festerna vid sommarsolståndet. Att dansa kring majstången och delta i en dragkamp i all vänskaplighet är lika viktigt som att plocka blommor att binda kransar av, och alla vet ju att en flicka som lägger sju olika sorters blommor under kudden får se sin tillkommande i drömmen.

Young and old look forward to the traditional Midsummer's Eve celebration, a tradition relating back to pre-Christian solstice festivities. Dancing around the maypole and a friendly tug of war are as important as gathering wildflowers for hand-woven garlands to wear as crowns. Legend has it that if a young woman places seven different kinds of flowers under her pillow she will dream of her future bridegroom.

Die Mitsommerfeiern gehen auf die vorchristlichen Feste der Sommersonnenwende zurück. Um den Maibaum zu tanzen und beim freundschaftlichen Tauziehen mitzumachen ist ebenso wichtig wie Blumen zu pflücken und mit ihnen einen Kranz zu flechten. Es ist ja bekannt, dass ein Mädchen, das sieben verschiedene Blumensorten unter sein Kopfkissen legt, im Traum seinen Zukünftigen sieht.

JAZZ

allsång

Varma sommarkvällar ljuder musiken i det fria i Stockholm, från Skeppsholmens årliga jazzfestival till allsången på Skansen.

From Skeppsholmen's annual Jazz Festival to the popular Allsång singalong at Skansen, Stockholmers like to revel in open-air music during the warm summer evenings.

An warmen Sommerabenden kann man in Stockholm überall Musik hören, etwa beim jährlichen Jazzfestival auf Skeppsholmen oder beim Chorgesang auf Skansen.

Golf har blivit en mycket populär sport, och det finns till och med banor anlagda på tak mitt i Stockholm där man kan hålla på med klubbor och bollar. Här kan jäktade affärsmän spela golf på lunchen.

Golfing has become a passion among Swedes, and so they've even created rooftop greens smack in the middle of the city to pursue their favorite leisure-time sport. Here, a businessman can easily mix golf and lunch.

Golf ist eine äußerst beliebte Sportart geworden. Mitten in Stockholm gibt es sogar Golfbahnen, die auf Dächern angelegt sind. Hier können gestresste. Geschäftsleute in der Mittagszeit Golf spielen.

I staden och dess omgivningar är det också gott om underbart vackra golfbanor vid vattnet som sträcker sig kilometervis. Runt Stockholm finns över 40 golfbanor.

Beautiful, waterfront golf courses that stretch for miles, rather than being confined to rooftops, are also plentiful in the capital and its surroundings. Around Stockholm there are over 40 golf courses.

In der Stadt und ihrer Umgebung findet man zahlreiche wunderschöne Golfbahnen , die sich teilweise kilometerweit am Wasser entlang erstrecken. In Stockholm und Umgebung gibt es 40 Golfplätze.

Hösten i Stockholm för med sig nya färger, lysande i rött och gult, och stockholmarna beger sig gärna ut i skogen för att plocka svamp.

Autumn in Stockholm brings a lovely change in color, as people take to the woods for mushroom picking, or kick up a shower of russet, orange and golden leaves.

Der Herbst taucht die Natur in leuchtendes Rot und Gelb. Viele Stockholmer begeben sich dann in den Wald, um Pilze zu sammeln.

En vacker liten park intill den livliga Drottninggatan leder till Centralbadet, som är byggt i jugendstil. Wilhelm Klemmings skapelse från 1904 skulle vara "ett fönster öppet mot naturen". Det är mycket angenämt att bada i denna charmerande miljö.

A pretty garden off busy Drottninggatan leads to the Jugendstil Centralbadet, Wilhelm Klemming's 1904 creation that envisioned "an open window to nature." The ravishing charming interiors make a swim here particularly nice.

Ein hübscher kleiner Park an der belebten Drottninggatan führt zum Centralbad, das im Jugendstil erbaut ist. Wilhelm Klemmings Schöpfung aus dem Jahre 1904 sollte „ein offenes Fenster zur Natur" sein. Das Baden in diesem charmanten Milieu ist ein angenehmes Erlebnis.

En simtur i Sturebadets vackra bassäng i art nouveau-stil är en njutningsrik upplevelse. Det är därför som vattengymnastiken där är så populär. Sturebadet byggdes 1885 och där finns förstås också ett annat oumbärligt inslag – bastun.

A swim in Sturebadet's beautiful art noveau pool is a sublime experience, which is why its water aerobics classes are so popular. Built in 1885, Sturebadet also has that other necessity of the Swedish spa: a sauna.

Eine Schwimmrunde im schönen Bassin des Sturebades, ganz im Jugendstil, ist ein Genuss, daher auch das Interesse für die Wassergymnastik. Das Sturebad wurde 1885 gebaut - und natürlich gibt es auch eine Sauna, ein unentbehrliches „Detail".

Globen, som liknar en gigantisk golfboll, har blivit en välbekant syn vid horisonten söder om stadskärnan. Den är världens största sfäriska byggnad och rymmer 16 000 personer. Här hålls stora sportevenemang, konserter och galor.

Stockholm's Globen, resembling a giant golf ball, has become a familiar sight on the horizon south of the city. The world's largest spherical building, the arena holds up to 16,000 people and is the place for big sports events, concerts and gala parties.

Globen – der einem gigantischen Golfball ähnelt – ist zu einer bekannten Silhouette am südlichen Horizont geworden. Es ist das größte sphärische Bauwerk der Welt und bietet 16000 Personen Platz. In dieser Mehrzweckhalle finden große Sportwettkämpfe, Konzerte und andere Veranstaltungen statt.

Supportrarna hejar på AIK, ett av Stockholms tre lag (de andra är Hammarby och Djurgården) på en ishockeymatch på Globen. Stockholmarna är trogna sina lag, när de väl har börjat heja på ett sviker de det aldrig.

Fans cheer on AIK, one of Stockholm's three local teams (Hammarby and Djurgården are the others) at an ice hockey match at Globen. Stockholmers have strict allegiance to their teams. Once they support a club, they never desert it.

Diese Anhänger unterstützen AIK, eine der drei Stockholmer Mannschaften (die anderen sind Hammarby und Djurgården) bei einem Eishockeyspiel im Globen. Die Stockholmer sind treue Anhänger ihrer Mannschaften.

ABRO
ER!

Dansgolven är fullpackade på nattklubbarna som dunkar på till långt in på småtimmarna och fyrverkerierna lyser upp himlen under sommarens festivaler – det finns alltid något spännande som pågår i Stockholm by night.

From the packed dance floors of the nightclubs that pulse into the wee hours to the fireworks that splash across the sky during summer festivals, there's always some excitement to be had in Stockholm by night.

Auf den Tanzflächen der Nachtklubs drängen sich die Besucher bis in die frühen Morgenstunden. Den Himmel erhellt das Feuerwerk eines Sommerfestivals. In „Stockholm by night" ist immer etwas los.

SCANDIC CROWN HOTEL

TEXACO
JENNY

Skymningen faller över två av Stockholms mest framträdande landmärken. Till vänster reser sig Stadshuset, byggt 1923, ur Riddarfjärden som ett fyrtorn som leder vilsekomna fartyg rätt. Ovan tronar Nationalmuseum, ritat 1866 i italiensk renässansstil, vid vattnet.

Twilight falls on two of Stockholm's most prominent landmarks. To the left, Stadshuset (City Hall), built in 1923, rises from Riddarfjärden like a lighthouse guiding errant ships. Above, the National Museum, designed in 1866 to look like an Italian Renaissance palace, makes an imposing presence on the water.

Die Dämmerung fällt über zwei von Stockholms markantesten Bauten. Links erhebt sich das 1923 erbaute Stadshuset aus dem Riddarfjärden - fast wie ein Leuchtturm, der den Schiffen den richtigen Weg weist. Darüber trohnt das 1866 im italienischen Renaissancestil erbaute Nationalmuseum am Wasser.

Antiques
Antikvariat

Gamla Stan

Det är ofta Gamla Stan som turisterna först bekantar sig med i Stockholm, och lika ofta är det där de tar ett vemodigt avsked av staden. Gamla Stan rymmer 800 års historia i sina smala, kullerstensbelagda gränder. De medeltida kyrkorna och handelshusen och de färgrika fasaderna på vad som förr var anspråkslösa bostäder för arbetarklassen och som nu hör till de mest eftertraktade fastigheterna i hela Stockholm gör en promenad genom Gamla Stan till en resa bakåt i tiden och en repetitionskurs i Sveriges växlande historia.

Stockholms blodbad är en av de mest kända – och skräckfyllda – händelserna i denna historia. Man har svårt att tänka sig att kullerstenarna på det charmfulla, stillsamma Stortorget en gång var hala av blodet från de 82 offren för den danske kungen Kristian II, som i Sverige kallas Kristian Tyrann. Adelsmän, präster och borgare inbjöds till en fest som pågick i tre dagar, och sedan greps de och halshöggs på torget för landsförräderi. Kort därpå kröntes Gustav Vasa, son till ett av offren, till kung och gick i krig mot Danmark, en osämja som skulle komma att bestå i 300 år.

Dessa oroliga tiders skuggor skingras lätt av det myllrande gatulivet och av affärer och restauranger av alla slag. Den som verkligen vill uppleva Gamla Stan gör klokt i att stoppa undan kartan och titta in i smala gränder där man skymtar havet, en trappgavel eller till och med en bit av regnbågen om man har tur.

Gamla Stan, the Old Town, is often the first place in which a visitor becomes acquainted with Stockholm–and just as often, it's the last stop, for a lingering farewell. And it's no wonder. Gamla Stan manages to encapsulate 800 centuries of history in its narrow, cobblestone alleyways. From the medieval churches and trading houses, to the colorful facades of the former workers' homes that are now among the most sought-after real estate in Stockholm, a stroll through Gamla Stan is a voyage back in time, when monarchs rose and fell with the fickleness of unsteady alliances.

Among the most famous—and gruesome—of these historical events was the Stockholm Bloodbath. In quiet, charming Stortorget, it is hard to imagine that the cobbles once ran with the blood of some 82 victims of the Danish king Kristian II, known as The Tyrant. Noblemen, burgers and priests were invited to three days of celebration—then arrested and beheaded in the square for treason. Soon after, Gustav Eriksson Vasa, son of one of the victims, was crowned king and led the charge against Denmark, a rivalry that would last 300 years.

The ghosts of those tumultuous centuries are easily swept aside in the liveliness of present-day Gamla Stan. But to really experience Gamla Stan, put away your map, and let each glimpse down a narrow alleyway surprise you with is view of sea, gabled house, or, if you're lucky, a slice of rainbow.

Die Altstadt ist meistens die erste Bekanntschaft, die Touristen in Stockholm machen. Die Altstadt bewahrt eine 800-jährige Geschichte in ihren engen, kopfsteingepflasterten Gassen. Die mittelalterlichen Kirchen und Handelshäuser sowie die farb- enfrohen Fassaden der ehemaligen anspruchslosen Arbeiterwohnungen verwandeln einen Spaziergang durch die Altstadt in eine Reise in die Vergangenheit und die wechselvolle Geschichte Schwedens.

Das Stockholmer Blutbad ist eines der bekanntesten und zugleich schrecklichsten Ereignisse in dieser Geschichte. Man kann sich nur schwerlich vorstellen, dass die Katzenkopfsteine auf dem stimmungsvollen und ruhigen Stortorget einmal blutüberströmt waren von den 82 Opfern des dänischen Königs Kristian II, der in Schweden Kristian Tyrann genannt wird. Adlige, Priester und Bürger waren zu einem Fest eingeladen worden, das drei Tage dauerte, doch dann wurden sie gefangen genommen und auf diesem Platz wegen Landesverrat enthauptet. Kurz darauf wurde Gustav Vasa, der Sohn eines der Opfer, zum König gekrönt. Er zog in den Krieg gegen Dänemark. Damit begann eine Feindschaft, die 300 Jahre andauern sollte.

Wer die Altstadt richtig erleben will, tut gut daran, den Stadtplan wegzustecken und einen Blick in die engen Gassen zu werfen, wo man das Meer, ein uraltes Treppengeländer oder - wenn man Glück hat - einen Regenbogen bewundern kann.

TILL VÄNSTER De smala gränderna i Gamla Stan har bevarat mycket av sin medeltida charm. Gammaldags lampor lyser i dunklet.
TILL HÖGER Kindstugatan i Gamla Stan, en av Stockholms äldsta gator, har varit bebodd sedan 1300-talet. Tack vare privata insatser finns dess medeltida karaktär kvar oförändrad.

LEFT: Narrow streets in Gamla Stan retain much of their medieval charm with old-fashioned lamps lighting the way.
RIGHT: Kindstugan in Gamla Stan, one of Stockholm's oldest streets, has been inhabited since the 1300s. Private initiatives have ensured that its medieval character remains unaltered.

LINKS Die schmalen Gassen in der Altstadt haben viel von ihrem mittelalterlichen Charme bewahrt. Altmodische Lampen leuchten in der Dunkelheit.
RECHTS Die Kindstugatan in Gamla Stan (Altstadt), eine der ältesten Gassen Stockholms, ist seit dem 14. Jahrhundert bewohnt. Dank privater Hilfe ist ihr mittelalterlicher Charakter unverändert geblieben.

ANTIKT
Ullas
Antik
Antik

Med sina många öar är Stockholm också en broarnas stad, och på kvällen bildar de lugna, vackra platser där man kan vila ögon och tankar och beundra till exempel det mäktiga Riksdagshuset. Det är även möjligt att dra upp en och annan ätbar fisk vid Stockholms kajer.

With its many islands, Stockholm is also a city of bridges, and at night they make beautiful, contemplative places in which to rest the eye and the mind and admire, for instance, the brilliant view of Riksdaghuset (House of Parliament). As nights descends on the city, a fisherman pulls his catch from Lake Mälaren.

Mit seinen vielen Inseln ist Stockholm auch eine Stadt der Brücken. Abends bilden sie stille und schöne Plätze, wo man verweilen und zum Beispiel das mächtige riksdagshuset (Reichstag) bewundern kann. An den Stockholmer Kais können die Angler auch den einen oder anderen essbaren Fisch an Land ziehen.

Många svenska högtider är förknippade med speciella maträtter. I augusti är det kräftsäsong med allt som hör till. Kring jul serverar många restauranger det traditionella julbordet där olika sorters sill, lax, korv och skinka trängs med Jansons frestelse och andra varma rätter.

Every Swedish festival is associated with a certain food. In August, it's crayfish season; the tiny crustaceans are always eaten soaked in dill and brine, accompanied by snaps. Around Christmas, many restaurants in town serve the traditional Julbord, a smörgåsbord that features various types of herring, salmon, sausages and ham, and Jansson's Temptation, an anchovy, potato and cream casserole.

Viele schwedische Feiertage sind mit speziellen Gerichten verbunden. Im August ist Krebssaison mit allem, was dazu gehört. Um die Weihnachtszeit servieren viele Restaurants das traditionelle Weihnachtsbuffet mit verschiedenen Sorten Hering, Lachs, Wurst und Schinken sowie warmen Gerichten, etwa „Jansons frestelse".

TILL VÄNSTER Både modern och klassisk dans uppförs på olika scener i Stockholm, bland annat på Operan och Dansens Hus.
NEDAN Stockholms Filharmoniska Orkester spelar i Konserthuset, som ligger vid Hötorget, mitt i stadens hjärta. Byggnaden stod klar 1926 och är ritad av den berömde arkitekten Ivar Tengbom.

LEFT: Both modern and classical dance can be enjoyed at various venues in Stockholm, including The Opera House and The House of Dance.
BELOW: Stockholm's Philharmonic Orchestra performs at Konserthuset in the heart of the city. The building, completed in 1926, is designed by the renowned Swedish architect Ivar Tengbom.

LINKS Auf verschiedenen Bühnen in Stockholm, u.a. in der Oper oder im Haus des Tanzes, wird moderner wie klassischer Tanz aufgeführt.
UNTEN Das Stockholmer Philharmonische Orchester spielt im Konzerthaus am Hötorget mitten in der Stadt. Es worde vom berühmten Architekten Ivar Tengbom entworfen und 1926 eingeweiht.

Nobelprisen utdelas 10 december varje år i Konserthuset och ceremonin följs av en festbankett i Stadshuset där kungafamiljen, framträdande politiker och annat känt folk deltar. TV-tittarna får tillfälle att noga studera alla detaljer, från menyn till damernas toaletter.

At the City Hall each December, the Nobel Prize awards are presented, followed by a sumptuous dinner attended by the royal family, high-ranking politicians and other celebrities. The evening is televised, as Swedes minutely examine everything from the menu to the women's fashion.

Der Nobelpreis wird jedes Jahr im Dezember im Konzerthaus verliehen. Der Zeremonie folgt ein Festbankett im Stadshuset, an dem die königliche Familie, führende Politiker und andere bekannte Persönlichkeiten teilnehmen. Die Fernsehzuschauer haben dann Gelegenheit, alle Details gründlich zu studieren, vom Menü bis zur Garderobe der Damen.

Efter banketten dansar man i Gyllene salen, en miljö som inte kunde vara mer magnifik.

A formal dance in the Golden Hall follows the dinner at the Nobel Banquet, in surroundings that could hardly be more grand.

Nach dem Bankett tanzt man im prachtvollen Gyllene salen (Goldener Saal).

Luciadagen firas när det är som mörkast, den 13 december. En förklaring till denna sed är att det sicilianska helgonet Lucias namn är besläktat med latinets lux, ljus. Flickor över hela landet sjunger traditionella sånger och bjuder på lussekatter.

Lucia Day is celebrated at winter's darkest, in December 13. The Swedes adopted the Sicilian St. Lucia because her name is linked to lux, Latin for light. Dressed in white gowns with red ribbons, girls all over Sweden don a crown of candles, sing traditional songs, and present the traditional lussekatter, saffron buns.

Der Luciatag wird am dunkelsten Tag, dem 13. Dezember, gefeiert. Eine Erklärung für diesen Brauch ist die Ähnlichkeit des Namen der sizilianischen Heiligen Lucia mit dem lateinischen Wort lux, Licht. Überall im Lande kleiden sich junge Mädchen in weißen Hemden mit roten Gürtelbändern und setzen sich eine Lichterkrone auf den Kopf, singen traditionelle Lieder und verschenken kleine mit Rosinen und Safran gebackene Kuchen, „lussekatter".

Efter julträngseln på Gamla Stans gator är det skönt att vila en stund i Storkyrkan. Den är från 1200-talet och innehåller bland annat en utsirad trästaty av *S:t Göran och draken* där äkta älghorn ingår.

A welcome diversion from Gamla Stan's crowded shopping streets is the 13th century Storkyrkan, the Great Cathedral, with its ornate wooden carved statue of *St. George and the Dragon*, complete with real elk antlers.

Nach dem Weihnachtsgedränge in der Altstadt ist es angenehm, eine Weile in der Storkyrka, (Dom) auszuruhen. Er stammt aus dem 13. Jahrhundert und enthält u.a. eine reich verzierte Holzstatue des *St. Göran mit Drachen*, in der auch echtes Elchgeweih verarbeitet wurde.

SPACE
SPACE
GUIRONS
GULD
SILVER
PRESENTER
LAMBERG
KAPPOR
BUTIK
Nina
Wahlgren
Design
KONST

DJURGÅRDEN 8
IVAR

Vinter

På vintern går Stockholms färgpalett ofta i grått och svart, vilket skänker en tidlös känsla åt staden och dess medeltida kyrkor och palats i renässans- och barockstil. Kyliga och regniga dagar vinkar stadens museer välkomnande, och man kan också få något att värma sig med i restaurangerna i Gamla Stans källarvalv.

När staden är täckt av snö och skimrande is får ljuset en helt annan karaktär. Många stockholmare klär sig varmt och trotsar elementen, spänner på långfärdsskridskorna och glider ut på isarna, tar en skidtur i skogarna runt staden eller går en stärkande promenad på Djurgårdens snötäckta vägar. När det blir riktigt kallt kan man till och med vandra på Mälarens is.

Isbrytarna ligger i ständig beredskap vid Stadsgården, och på vintern öppnar de rännor åt de väldiga färjorna som dagligen plöjer sig fram till Finland och Estland. Solnedgångarna är aldrig färggrannare än på vintern, men i mitten av december, då Lucia kommer och lyser upp mörkret, varar dagsljuset bara sex timmar och glider omärkligt över i skymning och vinternatt. Stockholm är ofta lika förtrollande på vintern som på sommaren.

In winter, Stockholm is cast in shades of gray and inky black, giving a timeless feel to the architectural pastiche of early medieval churches, Renaissance townhouses and baroque palaces. On those damp and chilly days, the city's museums beckon while the vaulted cellar restaurants of Gamla Stan offer a toasty retreat to while away the darkening afternoon.

When the city is blanketed in snow and shimmering ice, the light takes on an entirely different hue. No matter how cold it is, Stockholmers bundle up and brave the elements, strapping on long-distance skates to skim across the archipelago or slipping on cross-country skis to stride through the snowy fields of Djurgården.

In winter, the huge ferries bound for Finland and the Baltic countries plow their way across the frozen sea, their path eased by the ice-breaker ships that stand ready along the pier of Stadsgården. Sunsets are never more vivid than in winter, but in mid-December the rising and setting of the sun can occur within a six-hour span, giving a visitor the sleepy sense of day merging seamlessly into dusk. Stockholm in winter casts a spell as beguiling as its bright summer face.

Im Winter verwandelt sich Stockholms Farbenpalette meistens in Grau und Schwarz, was der Stadt, seinen mittelalterlichen Kirchen und den Palästen im Renaissance- und Barockstil, eine gewisse Zeitlosigkeit verleiht. An regnerischen und kühlen Tagen locken die Museen und man kann in Restaurants, in den Kellergewölben der Altstadt, etwas zum Aufwärmen erhalten.

Wenn die Stadt mit Schnee und Eis bedeckt ist, erhält das Licht einen ganz anderen Charakter. Viele Stockholmer ziehen sich warm an und trotzen den Elementen, schnallen die Schlittschuhe an und gleiten übers Eis, machen Skiausflüge oder einen Spaziergang auf Djurgården.

Die Eisbrecher liegen in ständiger Bereitschaft am Stadsgården. Im Winter halten sie die Fahrrinnen für die riesigen Fähren nach Finnland und Estland offen. Zu keiner Zeit ist ein Sonnenuntergang farbenprächtiger als im Winter, doch Mitte Dezember, wenn Lucia die Dunkelheit erhellt, dauert das Tageslicht nur sechs Stunden lang und geht rasch in Dämmerung über. Stockholm ist im Winter ebenso bezaubernd wie im Sommer.

Något av det ståtligaste man kan se i Stockholm på vintern är Strandvägen, där båtar som är för stora för att läggas upp för vintern förvandlar den pampiga gatan till ett levande marinmuseum.

One of Stockholm's most striking winter vistas is Strandvägen, where boats too large to be laid up for the winter make their home, transforming the avenue into a living marine museum.

Der Strandvägen ist im Winter eine der stattlichsten Plätze Stockholms, den die Schiffe und Boote, die zu groß sind, um während des Winters an Land verwahrt zu werden, in ein lebendes Marinemuseum verwandeln.

Snön och den kalla luften som svävar över Saltsjön gör Stockholm till en sagostad. Likt en sovande Snövit bevaras dess skönhet och staden väcks åter till liv på våren.

Snow and cold air wafting over the Saltsjön inlet give a fairytale aspect to Stockholm. Like a maiden frozen beneath the ice, her beauty is preserved until a new season is born in the spring.

Der Schnee und die kalte Luft, die über der Salzsee schweben, verwandeln Stockholm in eine Märchenstadt. Gleich einem schlafenden Schneewittchen wird ihre Schönheit bewahrt, um im Frühjahr wieder zum Leben erweckt zu werden.

www.albertbonniersforlag.se

Översättning till svenska Margareta Eklöf
Översättning till tyska Helga och Hans Wachholz

Albert Bonniers Förlag AB, Stockholm
Formgivning Bo Berling
Redaktör Ingela af Geijerstam
Repro Linjepunkt, Falun
Tryck Printer Trento, Italien
ISBN 91-0-057901-7

NATIONALMUSEUM